Selected Opera
MEZZO-SOPRANO

10 Essential Arias with Plot Notes, International Phonetic Alphabet,
Recorded Diction Lessons and Recorded Accompaniments

Extracted from the *G. Schirmer Opera Anthology*, edited by Robert L. Larsen

Translations
Martha Gerhart

International Phonetic Alphabet
Martha Gerhart, Italian and French
Kathryn LaBouff, English

Diction Recordings
Corradina Caporello, Italian
Pierre Vallet, French
Kathryn LaBouff, English

Each aria text has two recordings: a recitation, and then a slowly spoken diction lesson.

Accompaniment Recordings
Matthew Piatt, piano

To access companion recorded diction lessons and piano accompaniments
online, visit: **www.halleonard.com/mylibrary**

Enter Code
3249-1934-7044-6665

ISBN 978-1-4950-3092-5

G. SCHIRMER, *Inc.*

DISTRIBUTED BY

HAL•LEONARD®
CORPORATION
7777 W. BLUEMOUND RD. P.O. BOX 13819 MILWAUKEE, WI 53213

www.musicsalesclassical.com
www.halleonard.com

Mezzo-soprano

RELATED ONLINE RESOURCES

Enter the unique a code on the title page to access the following resources at
www.halleonard.com/mylibrary

1. **Recorded Diction Lessons**

    Each aria text is recorded twice:

    - A recitation by a native speaker of the text in a sympathetic speaking tone, from which the listener can hear the natural flow of the words

    - A slow and deliberate, phrase by phrase diction lesson with the native speaker coach, with the student repeating after the teacher

2. **Recorded Piano Accompaniments**

3. **Instructions for using the International Phonetic Alphabet Transliterations (PDFs)**

    The following articles and charts explain the approach used in citing the IPA symbols for consonants and vowels with an English equivalent, and also address any special issues of diction in the language.

    - "About the Italian IPA Transliterations" by Martha Gerhart

    - "About the French IPA Transliterations" by Martha Gerhart

    - "The International Phonetic Alphabet for English" by Kathryn LaBouff

CONTENTS

The price of this publication includes access to companion recorded diction lessons and accompaniments online, for download or streaming, using the unique code found on the title page.
Visit **www.halleonard.com/mylibrary** and enter the access code.

NOTES AND TRANSLATIONS

IL BARBIERE DI SIVIGLIA
(The Barber of Seville)
1816
music by Gioachino Rossini
libretto by Cesare Sterbini (after *Le Barbier de Séville*, a comedy by Pierre Augustin Caron de Beaumarchais)

Una voce poco fa

from Act I, scene 2 (or Act II)
setting: Seville, the 17th century (often played as the 18th century); a drawing room in the house of Dr. Bartolo
character: Rosina

Rosina is the ward of old Dr. Bartolo who plans to marry her. She, however, has fallen in love with a student, Lindoro, who is really the young Count Almaviva in disguise. He has been serenading her, and they have exchanged notes. Now, with another letter to Lindoro in her hand, she vows to foil Bartolo's plans and to follow her romantic longings.

Una voce poco fa	*A voice, a little while ago,*
qui nel cor mi risuonò:	*echoed here in my heart;*
il mio cor ferito è già,	*my heart is wounded now,*
e Lindor fu che il piagò.	*and it was Lindoro who covered it with wounds.*
Sì Lindoro mio sarà,	*Yes, Lindoro will be mine—*
lo giurai, la vincerò.	*I've sworn it, I shall win.*
Il tutor ricuserà,	*My guardian will object.*
io l'ingegno aguzzerò;	*I, quick-witted, will be sharp;*
alla fin s'accheterà.	*in the end he will acquiesce,*
e contenta io resterò.	*and I will be content.*
Io sono docile,	*I am submissive,*
son rispettosa,	*I'm respctful,*
sono ubbidiente,	*I'm obedient,*
doce, amorosa;	*sweet, affectionate.*
mi lascio reggere,	*I allow myself to be governed;*
mi fo guidar.	*I let myself be guided.*
Ma se mi toccano	*But if they touch me*
dov'è il mio debole,	*where my sensitive spot is,*
sarò una vipera,	*I will be a viper,*
e cento trappole	*and I'll cause a hundred tricks*
prima di cedere farò giocar.	*to be played before giving in.*

CARMEN

1875
music by Georges Bizet
libretto by Henri Meilhac and Ludovic Halévy (after the novel by Prosper Mérimée)

L'amour est un oiseau rebelle
(Habanera)

from Act I
setting: Seville, c. 1820; a public square outside a tobacco factory
character: Carmen

Men wait outside the tobacco factory to see the working women on their break. They are disappointed that the alluring gypsy, Carmen, is not among them. When she finally appears she sings the famous "Habanera."

L'amour est un oiseau rebelle	*Love is a rebellious bird*
que nul ne peut apprivoiser,	*that no one can tame;*
et c'est bien en vain	*and it's truly in vain*
qu'on l'appelle,	*that one call him,*
s'il lui convient de refuser!	*if it suits him to refuse!*
Rien n'y fait,	*Nothing helps—*
menace ou prière—	*threat nor entreaty.*
l'un parle bien.	*The one man speaks well,*
l'autre se tait;	*the other keeps quiet;*
et c'est l'autre	*and it's the other*
que je préfère—	*whom I prefer—*
il n'a rien dit,	*he hasn't said anything,*
mais il me plaît.	*but he pleases me.*
L'amour!	*Love!*
L'amour est enfant de Bohême;	*Love is a bohemian child;*
il n'a jamais connu de loi.	*he has never known law.*
Si tu ne m'aimes pas,	*If you don't love me,*
je t'aime;	*I love you;*
mais si je t'aime,	*but if I love you,*
prends garde à toi!	*watch out for yourself!*
L'oiseau que tu croyais surprendre	*The bird that you thought to catch*
battit de l'aile et s'envola.	*flapped his wings and flew away.*
L'amour est loin—	*Love is far away—*
tu peux l'attendre;	*you may wait for it;*
tu ne l'attends plus.	*when you don't wait anymore.*
il est là!	*there it is!*
Tout autour de toir,	*All around you,*
vite, il vient, s'en va,	*quickly it comes, goes away;*
puis il revient.	*then it comes back again.*
Tu crois le tenir,	*When you think you have hold of it,*
il t'évite;	*it evades you;*
tu crois l'éviter,	*when you think you're evading it,*
il te tient!	*it has hold of you!*
L'amour!	*Love!*

Près des remparts de Séville
(Seguidilla)

from Act I
setting: Seville, c. 1820; a public square outside a tobacco factory
character: Carmen

After a fight in the tobacco factory, Carmen is arrested. Left under the surveillance of Don José, a corporal in the dragoons, she flirts with him, hoping that he will help her escape. She tells him that a flower that she gave to him earlier has enchanted him and that he is now hopelessly in love with her. With her hands tied, she sways in the insinuating rhythm of the Seguidilla, inviting him to run away with her to the inn of Lillas Pastia outside the city.

Près des remparts de Séville,	*Near the ramparts of Seville,*
chez mon ami Lillas Pastia,	*at my friend Lillas Pastia's*
j'irai danser la Séguédille	*I will go to dance the seguidilla,*
et boire du manzanilla.	*and to drink manzanilla.*
J'irai chez mon ami Lillas Pastia.	*I will go to my frend Lillas Pastia's.*
Oui, mais toute seule on s'ennuie,	*Yes—but all alone one is bored,*
et les vrais plaisirs sont à deux;	*and true pleasures are with another person;*
donc, pour me tenir compagnie,	*so, to keep me company,*
j'emmènerai mon amoureux!	*I'll take along my lover!*
Mon amoureux! . . . il est au diable!	*My lover . . . he belongs to the devil!*
Je l'ai mis à la porte hier!	*I threw him out yesterday!*
Mon pauvre cœur, très consolable,	*My poor heart, very consolable,*
est libre comme l'air!	*is free as the breeze!*
J'ai des galants à la douzaine,	*I have suitors by the dozen,*
mais ils ne sont pas à mon gré.	*but they are not to my liking.*
Voici la fin de la semaine:	*Here is the end of the week:*
Qui veut m'aimer? Je l'aimerai!	*Who wishes to love me? I will love him!*
Qui veut mon âme? Elle est à prendre!	*Who wants my soul? It is to be had!*
Vous arrivez au bon moment!	*You come at the right moment!*
Je n'ai guère le temps d'attendre,	*I haven't the time to wait,*
car avec mon nouvel amant	*for with my new lover*
près des remparts de Séville,	*near the ramparts of Seville*
nous danserons la Séguédille	*we will dance the seguidilla*
et boirons du manzanilla:	*and we'll drink manzanilla:*
tra la la . . .	*tra la la! . . .*

COSÌ FAN TUTTE
(Women Are Like That)
1790
music by Wolfgang Amadeus Mozart
libretto by Lorenzo da Ponte

Smanie implacabili

from Act I, scene 3
setting: Naples, the 18th century; a drawing room in the house shared by the sisters Fiordiligi and Dorabella
character: Dorabella

Fiordiligi and Dorabella think that their soldier boyfriends, Ferrando and Gulglielmo, have just gone off to war. Dorabella, the younger of the two, melodramatically orders their maid, Despina, to close the shutters. Now that her lover is gone she prefers to remain alone and suffer.

Ah, scostati!	*Ah, stand aside!*
Paventa il tristo effetto	*Shun the dismal consequence*
d'un disperato affetto!	*of a despairing love!*
Chidudi quelle finestre—	*Close those windows—*
odio la luce,	*I hate the light,*
odio l'aria che spiro—	*I hate the air that I breathe—*
odio me stessa!	*I hate me myself!*
Chi schernisce il mio duol,	*Who is mocking my grief?*
chi mi consola?	*Who consoles me?*
Deh fuggi, per pietà;	*Ah, flee, for pity's sake;*
lasciami sola.	*leave me alone.*
Smanie implacabili	*Implacable frenzies*
che m'agitate,	*which agitate me,*
entro quest'anima	*within this soul*
più non cessate	*cease no more*
finchè l'angoscia	*until anguish*
mi fa morir.	*makes me die.*
Esempio misero	*A funereal example*
d'amor funesto	*of mournful love*
darò all'Eumenidi	*I will give to the Eumenides*
se viva resto	*if I remain alive*
col suono orribile	*with the horrible sound*
de' miei sospir.	*of my sighs.*

DIDO AND AENEAS
1689
music by Henry Purcell
libretto by Nahum Tate (after Virgil's *Aeneid, iv*)

When I am laid in earth

from Act III
setting: Carthage, after the Trojan War; outside the palace dwelling of Dido, queen of Carthage
character: Dido

Dido and Aeneas, written for a girls' school in Chelsea, is the first real opera in the English language. In the opera's concluding moments Dido sings this great air, which is composed over a ground bass. She has discovered that the Trojan Aeneas has deserted her to pursue his destiny as the founder of Rome. With her attendants about her, she prepares to mount her funeral pyre.

FAUST
1859
music by Charles Gounod
libretto by Jules Barbier and Michel Carré (after the drama by Johann Wolfgang von Goethe)

Faites-lui mes aveux

from Act III when played in 5 acts; Act II when played in 4 acts
setting: a village in Germany, the 16th century; a garden outside Marguerite's cottage
character: Siebel

The youth Siebel, in love with Marguerite, has vowed to protect her while her brother Valentin is away at war. Siebel pauses beside a bed of flowers, and begs the blossoms to carry his message of love to Marguerite.

Faites-lui mes aveux;	*Greet her for me;*
portez mes vœux!	*bear my wishes!*
Fleurs écloses près d'elle,	*Flowers in bloom close-by her,*
dites-lui qu'elle est belle,	*tell her that she is beautiful,*
que mon cœur nuit et jour	*that my heart night and day*
languit d'amour!	*languishes from love.*
Révélez à son âme	*Reveal to her soul*
le secret de ma flamme,	*the secret of my passion,*
qu'il s'exhale avec vous	*that it may give forth, with you,*
parfums plus doux!	*fragrances more sweet!*
Fanée! Hélas! ce sorcier,	*Withered! Alas, that sorcerer,*
que Dieu damne,	*whom God damns,*
m'a porté malheur!	*has brought me bad luck!*
Je ne puis, sans qu'elle se fane,	*I can't touch a flower*
toucher une fleur!	*without it withering!*
Si je trempais mes doigts	*Let me dip my fingers*
dans l'eau bénite!	*in the holy water!*
C'est là que chaque soir	*It's there that every evening*
vient prier Marguerite!	*Marguerite comes to pray!*

Voyons maintenant!	*Let's see now!*
Voyons vite!	*Let's see quickly!*
Elles se fanent?	*Are they withering?*
Non!	*No!*
Satan, je ris de toi!	*Satan, I laugh at you!*
C'est en vous que j'ai foi;	*It's in you that I have faith;*
parlez pour moi!	*speak for me!*
Qu'elle puisse connaître	*May she know*
l'émoi qu'elle a fait naître,	*the emotion she caused to be born,*
et dont mon cœur troublé	*and of which my troubled heart*
n'a point parlé!	*has not spoken at all!*
Si l'amour l'effarouche,	*If love startles her,*
que la fleur sur sa bouche	*may the flower upon her mouth*
sache au moins déposer	*at least be able to place*
un doux baiser!	*a sweet kiss!*

LE NOZZE DI FIGARO
(The Marriage of Figaro)
1786
music by Wolfgang Amadeus Mozart
libretto by Lorenzo da Ponte (after *La Folle Journée, ou Le Mariage de Figaro*, a comedy by Pierre Augustin Caron de Beaumarchais)

Non so più cosa son

from Act I
setting: near Seville, the 17th century (often played as the 18th century); the palace of Count Almaviva; Figaro and Susanna's new room, not yet completely furnished
character: Cherubino

Cherubino, the teenage page to Count Almaviva, enters and complains to Susanna, the Countess' chamber maid, that the Count has just caught him embracing Barbarina and plans to banish him from the castle. All thought of his plight is forgotten, however, when he sees a ribbon belonging to the Countess, with whom he is smitten. He snatches it, giving Susanna in exchange the manuscript of one of his songs. He tells her to sing it everywhere, proclaiming his passion for all women and his love affair with love.

Non so più cosa son, cosa faccio;	*I don't know anymore what I am, what I'm doing;*
or di foco, ora sono di ghiaccio.	*now I'm made of fire, now of ice.*
Ogni donna cangiar di colore,	*Every woman makes me change color;*
ogni donna mi fa palpitar.	*every woman makes me tremble.*
Solo ai nomi d'amor, di diletto,	*At merely the words "love," "pleasure,"*
mi si turba, mi s'altera il petto,	*my brest becomes nervous and upset,*
e a parlare mi sforza d'amore un desio,	*and a desire for love—a desire that I*
un desio ch'io non posso spiegar.	*can't explain—forces me to talk.*
Parlo d'amor vegliando,	*I talk about love when awake;*
parlo d'amor sognando,	*I talk about love when dreaming—*
all'acqua, all'ombra, ai monti,	*to the water, to the shadow, to the mountains,*
ai fiori, all'erbe, ai fonti,	*to the flowers, to the grass, to the fountains,*
all'eco, all'aria, ai venti,	*to the echo, to the air, to the winds*
che il suon de' vani accenti	*which carry away with them the sound of*
portano via con se.	*my futile words.*
E se non ho chi m'oda,	*And if I don't have someone to hear me,*
parlo d'amor con me.	*I talk about love to myself.*

Voi, che sapete

from Act II
setting: near Seville, the 17th century (often played as the 18th century); the palace of Count Almaviva;
the Countess' apartment
character: Cherubino

After learning in Act I that he's bound for the army, Cherubino goes early in Act II to bewail this turn
of events to the Countess Almaviva and Susanna in the Countess' boudoir. When Susanna asks him to
sing one of his love songs for the Countess, he is delighted. Susanna accompanies him on the guitar.

Voi, che sapete che cosa è amor,	*You ladies, who know what love is,*
donne, vedete, s'io l'ho nel cor.	*see if I have it in my heart.*
Quello ch'io provo, vi ridirò;	*What I feel, I'll repeat to you.*
è per me nuovo, capir nol so.	*It's new for me; I can't understand it.*
Sento un affetto pien di desir,	*I feel an emotion full of desire*
ch'ora è diletto, ch'ora è martir.	*which is now pleasure, now torture.*
Gelo, e poi sento l'alma	*I freeze, and then I feel my soul*
avvampar,	*bursting into flames;*
e in un momento torno a gelar.	*and in a moment I freeze again.*
Ricerco un bene fuori di me—	*I'm seeking a treasure outside of me—*
non so chi il tiene,	*I don't know who holds it;*
non so cos'è.	*I don't know what it is.*
Sospiro e gemo sneza voler;	*I sigh and moan without wanting to;*
palpito e tremo senza saper.	*I quiver and tremble without knowing why.*
Non trovo pace notte nè dì,	*I find peace neither night nor day,*
ma pur mi piace languir così.	*but yet I enjoy languishing that way.*

ORFEO ED EURIDICE
1762
music by Christoph Willibald von Gluck
libretto by Raniero de' Calzabigi (based on Greek mythology)

Che farò senza Euridice?

from Act III, scene 1
setting: Mythology; a region between the Elysian fields and the earth
character: Orfeo

Orfeo, whose wife Euridice died and was taken to the Underworld, pursues her to the gates of Hades
where his songs enchant the Furies. He wins her release on the condition that he will not look at her
until they have escaped the nether regions. But, when she pleads for a single glance and refuse to
follow him further, he defies the gods and takes her in his arms. She dies, and he sings this beautiful
lament.

Ahimè! Dove trascorsi?	*Alas! Where have I traversed?*
Dove mi spinse un delirio d'amor?	*Where has a delirium of love thrust me?*
Sposa! Euridice! Consorte!	*Bride! Euridice! Wife!*
Ah, più non vive! La chiamo in van.	*Ah, she lives no more; I call her in vain.*
Misero me, la perdo	*Wretched me—I lose her*

e di nuovo e per sempre!	*once again and forever!*
Oh legge! Oh morte!	*Oh law! Oh death!*
Oh ricordo curdel!	*Oh cruel memory!*
Non ho soccorso,	*I do not have help;*
non m'avanza consiglio!	*counsel does not come forth for me!*
Io veggo solo	*I see only*
(oh fiera vista!)	*(oh savage sight!)*
il luttuoso aspetto	*the sad aspect*
dell'orrido mio stato.	*of my horrible state.*
Saziati, sorte rea:	*Be satisfied, wicked fate:*
son dispcrato!	*I am without hope!*
Che farò senza Euridice?	*What will I do without Euridice?*
Dove andrò senza il mio ben?	*Where will I go without my beloved?*
Che farò? Dove andrò?	*What will I do? Where will I go?*
Che farò senza il mio ben?	*What will I do without my beloved?*
Euridice! Oh Dio! Rispondi!	*Euridice! Oh God! Answer!*
Io son pure il tuo fedel.	*I am still your faithful one.*
Ah! Non m'avanza più soccorso,	*Ah, no more help, no more hope*
più speranza	*for me comes forth*
nè dal mondo, nè dal ciel!	*from earth, nor from heaven!*

VANESSA
1958
music by Samuel Barber
libretto by Gian Carlo Menotti

Must the winter come so soon?

from Act I, scene 1
setting: a northern country, c. 1905; a drawing room in Vanessa's country house; a night in early winter
character: Erika

At her remote and elegant estate the beautiful Vanessa, abandoned by her lover Anatol twenty years before, awaits his return, heralded by a letter. Erika, her niece, wonders if the carriage sent to bring their visitor will be able to return through the swirling snows of an early winter storm.

INTERNATIONAL PHONETIC ALPHABET TRANSLITERATIONS BY ARIA
See explanations about the IPA transliterations in the online resources.

IL BARBIERE DI SIVIGLIA
music: Gioachino Rossini
libretto: Cesare Sterbini (after *Le Barbier de Séville*, a comedy by Pierre Augustin Caron de Beaumarchais)

Una voce poco fa

'u na   'vo tʃe   'pɔ ko fa
Una   voce   poco fa
a   voice   a little while ago

kwi   nel   kɔr   mi   ri swo 'nɔ
qui   nel   cor   mi   risuonò;
here   in the   heart   to me   resounded

il   'mi o   kɔr   fe 'ri to   ɛ   dʒa
il   mio   cor   ferito   è   già,
the   my   heart   wounded   is   now

e   lin 'dɔr   fu   ke   il   pja 'gɔ
e   Lindor   fu   che   il   piagò.
and   Lindor   was   who   it   covered with wounds

si   lin 'dɔ ɾo   'mi o   sa 'ra
Sì,   Lindoro   mio   sarà,
yes   Lindoro   mine   will be

lo   dʒu 'ra i   la   vin tʃe 'rɔ
lo   giurai,   la   vincerò.
it   I swore   it   I shall win

il   tu 'tor   ri ku ze 'ra
Il   tutor   ricuserà,
the   guardian   will refuse

'i o   lin 'dʒeɲ: ɲo   a gut: tse 'rɔ
io   l'ingegno   aguzzerò;
I   the wit   [I] will sharpen

'al: la   fin   sak: ke te 'ra
alla   fin   s'accheterà,
in the   end   he will calm down

e   kon 'ten ta   'i o   re ste 'rɔ
e   contenta   io   resterò.
and   content   I   [I] will remain

'i o   'so no   'dɔ tʃi le
Io   sono   docile,
I   [I] am   docile

son   ri spet: 'to za
son   rispettosa,
I am   respectful

'so no   ub: bi 'djɛn te
sono   ubbidiente,
I am   obedient

'dol tʃe   a mo 'ro za
dolce,   amorosa;
sweet   affectionate

mi   'laʃ: ʃo   'rɛd: dʒe ɾe
mi   lascio   reggere,
me   I allow   to govern

mi   fɔ   gwi 'dar
mi   fo   guidar.
me   I make   to guide

ma   se   mi   'tok: ka no
Ma   se   mi   toccano
but   if   me   they touch

do 'vɛ   il   'mi o   'de bo le
dove'è   il   mio   debole,
where is   the   my   weakness

sa 'rɔ   'u na   'vi pe ɾa
sarò   una   vipera,
I will be   a   viper

e   'tʃɛn to   'trap: po le
e   cento   trappole
and   hundred   tricks

'pri ma   di   'tʃe de ɾe   fa 'rɔ   dʒo 'kar
prima   di   cedere   farò   giocar.
before   of   to yield   I will make   to play

CARMEN

music: Georges Bizet

libretto: Henri Meilhac and Ludovic Halévy (after the novel by Prosper Mérimée)

L'amour est un oiseau rebelle
(Habanera)

la mur   ɛ‿   tœ̃‿   nwa zo   ɾœ bɛ lœ
L'amour   est   un   oiseau   rebelle
the love   is   a   bird   rebellious

kœ   nyl   nœ   pø‿   ta pri vwa ze
que   nul   ne   peut   apprivoiser,
which   no one   not   is able   to tame

e   sɛ   bjɛ̃‿   nã   vɛ̃
et   c'est   bien   en   vain
and   it is   well   in   vain

kɔ̃   la pɛ lœ
qu'on   l'appelle,
that one   him calls

sil   lɥi   kɔ̃ vjɛ̃ dœ   ɾœ fy ze
s'il   lui   convient de   refuser!
if it   him   suits   to refuse

rjɛ̃   ni   fɛ
Rien   n'y   fait,
nothing   not there   makes

mœ na‿   su   pri ɛ ɾœ
menace   ou   prière—
threat   or   entreaty

lœ   par lœ   bjɛ̃
l'un   parle   bien,
the one   speaks   well

lo trœ   sœ tɛ
l'autre   se tait;
the other   is silent

e   sɛ   lo trœ
et   c'est   l'autre
and   it is   the other

kœ   ʒœ   pre fɛr ə
que   je   préfère—
whom   I   prefer

il   na   rjɛ̃   di
il   n'a   rien   dit,
he   not has   anything   said

mɛ‿   zil   mœ   plɛ
mais   il   me   plaît.
but   he   me   pleases

la mur
L'amour!
the love

la mu‿   rɛ‿   tɑ̃ fɑ̃   dœ   bɔ ɛm ə
L'amour   est   enfant   de   Bohême;
the love   is   child   of   Bohemia

il   na   ʒa mɛ   kɔ ny   dœ   lwa
il   n'a   jamais   connu   de   loi.
he   not has   ever   been acquainted   with   law

si   ty   nœ   mɛ mœ   pɑ
Si   tu   ne   m'aimes   pas,
if   you   not   me love   [not]

ʒœ   tɛ mœ
je   t'aime;
I   you love

mɛ   si   ʒœ   tɛ mœ
mais   si   je   t'aime,
but   if   I   you love

prɑ̃   gar‿   da   twa
prends   garde   à   toi!
take   care   for   yourself

lwa zo   kœ   ty   krwa jɛ   syr prɑ̃ drœ
L'oiseau   que   tu   croyais   surprendre
the bird   which   you   thought   to catch unawares

ba ti dœ   lɛ‿   le   sɑ̃ vɔ la
battit de   l'aile   et   s'envola.
flapped   the wing   and   flew away

la mu‿   rɛ   lwɛ̃
L'amour   est   loin—
the love   is   far away

ty   pø   la tɑ̃ drœ
tu   peux   l'attendre;
you   can   it await

ty   nœ   la tã   ply
tu   ne   l'attends plus,
you   not   it await   anymore

i̬   lɛ   la
il   est   là!
it   is   there

tu̬ to tur dœ   twa
Tout autour de   toi,
all around   you

vi tœ   il   vjɛ̃   sã va
vite,   il   vient, s'en va,
quickly it   comes   it goes away

pɥi̬   zil   rœ vjɛ̃
puis   il   revient.
then   it   comes back again

ty   krwa   lœ   tœ nir
Tu   crois   le   tenir,
you   think   it   to have hold of

il   te vi tə
il   t'évite;
it   you shuns

ty   krwa   le vi te
tu   crois   l'éviter,
you   think   it to shun

il   tœ   tjɛ̃
il   te   tient!
it   you   takes hold of

la mur
L'amour!
the love

Près des remparts de Séville
(Seguidilla)

prɛ   dɛ   rã par   dœ   se vi jə
Près   des   remparts de   Séville,
near   to the ramparts   of   Seville

ʃe   mɔ̃   na mi   li lɑs   pa stja
chez   mon   ami   Lillas   Pastia,
at the house of my   friend   Lillas   Pastia

ʒi re   dã se   la   se gœ di̬
j'irai   danser   la   Séguedille
I will go to dance   the   seguidilla

je   bwa rœ   dy   man tsa ni ja
et   boire   du   manzanilla.
and   to drink   some   manzanilla

ʒi re   ʃe   mɔ̃   na mi   li lɑs   pa stja
J'irai   chez   mon   ami   Lillas   Pastia.
I will go to the house of my   friend   Lillas   Pastia

wi   mɛ   tu tœ   sœ̬   lɔ̃   sã nɥi
Oui,   mais   toute   seule   on   s'ennuie,
yes   but   all   alone   one   is bored

e le vre plε sir sɔ̃ ta dø
et les vrais plaisirs sont à deux;
and the real pleasures are at two [i.e., in twosome]

dɔ̃k pur mœ tœ nir kɔ̃ pa ɲi œ
donc, pour me tenir compagnie,
so for me to keep company

ʒɑ̃ mɛ nœ re mɔ̃ na mu rø
j'emmènerai mon amoureux!
I will take with me my lover

mɔ̃ na mu rø i̯ lε to dja blœ
Mon amoureux!... il est au diable!
my lover he is of the devil

ʒœ le mi̯ za la pɔr̯ ti εr
Je l'ai mis à la porte hier!
I him have put out the door yesterday

mɔ̃ po vrœ kœr trε kɔ̃ sɔ la blœ
Mon pauvre cœur, très consolable,
my poor heart very consolable

ε li brœ kɔ mœ lεr
est libre comme l'air!
is free as the air

ʒe dε ga lɑ̃ za la du zε nə
J'ai des galants à la douzaine,
I have of lovers by the dozen

mε̯ zil nœ sɔ̃ pɑ̯ za mɔ̃ gre
mais ils ne sont pas à mon gré.
but they not are [not] to my taste

vwa si la fε̃ dœ la sœ mε nœ
Voici la fin de la semaine:
here is the end of the week

ki vø mε me ʒœ le mœ re
Qui veut m'aimer? Je l'aimerai!
who wants me to love I him will love

ki vø mɔ̃ nɑ̯ mε lε̯ ta prɑ̃ drœ
Qui veut mon âme? Elle est à prendre!
who wants my soul it is to [to] take

vu̯ za ri ve o bɔ̃ mɔ mɑ̃
Vous arrivez au bon moment!
you arrive at the good moment

ʒœ ne gε rœ lœ tɑ̃ da tɑ̃ drœ
Je n'ai guère le temps d'attendre,
I not have hardly the time of to wait

ka̯ ra vεk mɔ̃ nu ve̯ la mɑ̃
car avec mon nouvel amant
for with my new lover

prε dε rɑ̃ par dœ se vi jə
près des remparts de Séville,
near to the ramparts of Seville

ʃe mɔ̃ na mi li lɑs pa stja
chez mon ami Lillas Pastia,
at the house of my friend Lillas Pastia

nu	dɑ̃ sœ rɔ̃	la	se gœ di‿
nous	**danserons**	**la**	**Séguedille**
we	*will dance*	*the*	*seguidilla*

je	bwa rɔ̃	dy	man tsa ni ja
et	**boirons**	**du**	**manzanilla:**
and	*will drink*	*some*	*manzanilla*

tra	la	la
tra	**la**	**la...**
tra	*la*	*la*

COSÌ FAN TUTTE
music: Wolfgang Amadeus Mozart
libretto: Lorenzo da Ponte

Smanie implacabili

a	ˈskɔ sta ti
Ah,	**scostati!**
ah	*move [yourself] away*

pa ˈvɛn ta	il	ˈtri sto	ef: ˈfɛt: to
Paventa	**il**	**tristo**	**effetto**
fear	*the*	*sad*	*effect*

dun	di spe ˈra to	af: ˈfɛt: to
d'un	**disperato**	**affetto!**
of a	*desperate*	*affection*

ˈkju di	ˈkwel: le	fi ˈnɛ stre
Chiudi	**quelle**	**finestre—**
close	*those*	*windows*

ˈɔ djo	la	ˈlu tʃe
odio	**la**	**luce,**
I hate	*the*	*light*

ˈɔ djo	ˈla ɾja	ke	ˈspi ɾo
odio	**l'aria**	**che**	**spiro—**
I hate	*the air*	*that*	*I breathe*

ˈɔ djo	me	ˈstes: sa
odio	**me**	**stessa!**
I hate	*me*	*myself*

ki	sker ˈniʃ: ʃe	il	ˈmi o	dwɔl
Chi	**schernisce**	**il**	**mio**	**duol,**
who	*mocks*	*the*	*my*	*grief*

ki	mi	kon ˈso la
chi	**mi**	**consola?**
who	*me*	*consoles*

dɛ	ˈfud: dʒi	per	pje ˈta
Deh	**fuggi,**	**per**	**pietà;**
ah	*flee*	*for*	*pity's sake*

ˈlaʃ: ʃa mi	ˈso la
lasciami	**sola.**
leave me	*alone*

ˈzman je	im pla ˈka bi li
Smanie	**implacabili**
frenzies	*implacable*

ke   ma dʒi ˈta te
che   m'agitate,
which   me agitate

ˈen tro   kwe ˈsta ni ma
entro   quest'anima
within   this soul

pju   non   tʃes: ˈsa te
più   non   cessate
more   not   cease

fiŋ ˈke   laŋ ˈgɔʃ: ʃa
finchè   l'angoscia
until   the anguish

mi   fa   mo ˈrir
mi   fa   morir.
me   makes   to die

e ˈzɛm pjo   ˈmi ze ɾo
Esempio   misero
example   miserable

da ˈmor   fu ˈnɛ sto
d'amor   funesto
of love   funereal

da ˈrɔ   al: le u ˈmɛ ni di
darò   all'Eumenidi
I shall give   to the Eumenides

se   ˈvi va   ˈrɛ sto
se   viva   resto
if   alive   I remain

kol   ˈswɔ no   or: ˈri bi le
col   suono   orribile
with   sound   horrible

de   ˈmjɛ i   so ˈspir
de'   miei   sospir.
of [the]   my   sighs

DIDO AND AENEAS
music: Henry Purcell
libretto: Nahum Tate (after Virgil's *Aeneid, iv*)

When I am laid in earth
In Historic British Received Pronunciation:

ðaɪ   hænd   bɛ ˈlɪndə
Thy   hand,   Belinda;

ˈdɑɚ knɛs   ʃeɪdz   mi
darkness   shades   me,

ɒn   ðaɪ   ˈbʊzəm   lɛt   mi   ʀ/ɹɛst
on   thy   bosom   let   me   rest.

mɔ   r aɪ   wʊd   bʌt   dɛθ   ɪn ˈveɪdz   mi
More   I   would,   but   Death   invades   me;

ðɛθ   ɪz   nɑʊ   ə   ˈwɛlkəm   gɛst
Death   is   now   a   welcome   guest.

ʌɛn aɪ æm leɪd ɪn ɜˤθ
When I am laid in earth,

meɪ maɪ ʀ/ɹɔŋz kʀ/ɹiˈeɪt
may my wrongs create

noʊ tʀ/ɹʌbəl ɪn ðaɪ bʀ/ɹɛst
No trouble in thy breast.

r/ɹɪˈmɛmbəˤ mi
Remember me,

bʌt ɑ fɔəˤˈɡɛt maɪ feɪt
but ah! forget my fate.

In British Received Pronunciation, all grammatically stressed words that begin with an initial "r" either in a single consonant or in a consonant cluster or group can be either rolled or burred at the artistic discretion of the singer.

FAUST

music: Charles Gounod
libretto: Jules Barbier and Michel Carré (after the drama by Johann Wolfgang von Goethe)

Faites-lui mes aveux

fɛ tœ lɥi mɛ‿ za vø
Faites-lui mes aveux;
make to her my avowals

pɔr te mɛ vø
portez mes vœux!
bear my vows

flœr‿ ze klo zœ prɛ dɛ lœ
Fleurs écloses près d'elle,
flowers bloomed near to her

di tœ lɥi kɛ‿ lɛ bɛ lœ
dites-lui qu'elle est belle,
tell her that she is beautiful

kœ mɔ̃ kœr nɥi‿ te ʒur
que mon cœur nuit et jour
that my heart night and day

lɑ̃ gi da mur
languit d'amour!
languishes with love

re ve le‿ za sɔ̃‿ nɑ mœ
Révélez à son âme
reveal to her soul

lœ sœ krɛ dœ ma flɑ mœ
le secret de ma flamme,
the secret of my passion

kil seg za‿ la vɛk vu
qu'il s'exhale avec vous
that it may exhale with you

par fœ̃ ply du
parfums plus doux!
fragrances more sweet

fa ne œ   e las   sœ   sɔr sje
Fanée!   **Hélas!**   **ce**   **sorcier,**
withered   *alas*   *that*   *sorcerer*

kœ   djø   dɑ nə
que   **Dieu**   **damne,**
that   *God*   *damns*

ma   pɔr te   ma lœr
m'a   **porté**   **malheur!**
to me has   *brought*   *bad luck*

ʒœ   nœ   pɥi   sã   kɛ lœ   sœ fa nœ
Je   **ne**   **puis,**   **sans**   **qu'elle**   **se fane,**
I   *not*   *am able*   *without*   *that it*   *withers*

tu ʃe‿   ry nœ   flœr
toucher   **une**   **fleur!**
to touch   *a*   *flower*

si   ʒœ   trã pɛ   mɛ   dwa
Si   **je**   **trempais**   **mes**   **doigts**
if   *I*   *dipped*   *my*   *fingers*

dã   lo   be ni tœ
dans   **l'eau**   **bénite!**
in   *the water*   *holy*

sɛ   la   kœ   ʃa kœ   swar
C'est   **là**   **que**   **chaque**   **soir**
it is   *there*   *that*   *each*   *evening*

vjɛ̃   pri e   mar gœ ri tœ
vient   **prier**   **Marguerite!**
comes   *to pray*   *Marguerite*

vwa jɔ̃   mɛ̃ tœ nã
Voyons   **maintenant!**
let us see   *now*

vwa jɔ̃   vi tə
Voyons   **vite!**
let us see   *quickly*

ɛ lœ   sɛ fa nə
Elles   **se fanent?**
they   *wither*

nɔ
Non!
no

sa tã   ʒœ   ri   dœ   twa
Satan,   **je**   **ris**   **de**   **toi!**
Satan   *I*   *laugh*   *at*   *you*

sɛ‿   tã   vu   kœ   je   fwa
C'est   **en**   **vous**   **que**   **j'ai**   **foi;**
it is   *in*   *you*   *that*   *I have*   *faith*

par le   pur   mwa
parlez   **pour**   **moi!**
speak   *for*   *me*

kɛ lœ   pɥi sœ   kɔ nɛ trœ
Qu'elle   **puisse**   **connaître**
that she   *may be able*   *to know*

le mwa   kɛ‿   la   fɛ   nɛ trœ
l'émoi   qu'elle   a   fait   naître,
the emotion   that she   has   made   to be born

e   dɔ̃   mɔ̃   kœr   tru ble
et   dont   mon   cœur   troublé
and   of which   my   heart   troubled

na   pwɛ̃   par le
n'a   point   parlé!
not has   at all   spoken

si   la mur   le fa ru ʃœ
Si   l'amour   l'effarouche,
if   the love   her startles

kœ   la   flœr   syr   sa   bu ʃœ
que   la   fleur   sur   sa   bouche
that   the   flower   upon   her   mouth

sa‿   ʃo   mwɛ̃   de po ze
sache   au   moins   déposer
may know how   at   least   to place

œ̃   du   bɛ ze
un   doux   baiser!
a   sweet   kiss

LE NOZZE DI FIGARO

music: Wolfgang Amadeus Mozart
libretto: Lorenzo da Ponte (after *La Folle Journée, ou Le Mariage de Figaro,* a comedy by Pierre Augustin Caron de Beaumarchais)

Non so più cosa son

non   sɔ   pju   'kɔ za   son   'kɔ za   'fat: tʃo
Non   so   più   cosa   son,   cosa   faccio;
not   I know   more   what   I am   what   I do

or   di   'fɔ ko   'o ɾa   'so no   di   'gjat: tʃo
or   di   foco,   ora   sono   di   ghiaccio.
now   of   fire   now   I am   of   ice

'oɲ: ɲi   'dɔn: na   kan 'dʒar   di   ko 'lo ɾe
Ogni   donna   cangiar   di   colore,
every   woman   to change   of   color

'oɲ: ɲi   'dɔn: na   mi   fa   pal pi 'tar
ogni   donna   mi   fa   palpitar.
every   woman   me   makes   to palpitate

'so lo   'a i   'no mi   da 'mor   di   di 'lɛt: to
Solo   ai   nomi   d'amor,   di   diletto,
only   at the   names   of love   of   pleasure

mi   si 'turba   mi   'sal te ɾa   il   'pɛt: to
mi   si turba,   mi   s'altera   il   petto,
to me   becomes upset   to me   becomes nervous   the   breast

e   a   par 'la ɾe   mi   'sfɔr tsa   da 'mo ɾe   un   de 'zi o
e   a   parlare   mi   sforza   d'amore   un   desio,
and   to   [to] talk   me   forces   of love   a   desire

un   de 'zi o   'ki o   non   'pɔs: so   spje 'gar
un   desio   ch'io   non   posso   spiegar.
a   desire   which I   not   [I] am able   to explain

'par lo   da 'mor   veʎ: 'ʎan do
Parlo   **d'amor**   **vegliando,**
I talk   *of love*   *being awake*

'par lo   da 'mor   soɲ: 'ɲan do
parlo   **d'amor**   **sognando,**
I talk   *of love*   *dreaming*

al: 'lak: kwa   al: 'lom bra   'a i   'mon ti
all'acqua,   **all'ombra,**   **ai**   **monti,**
to the water   *to the shade*   *to the*   *mountains*

'a i   'fjo ɾi   al: 'lɛr be   'a i   'fon ti
ai   **fiori,**   **all'erbe,**   **ai**   **fonti,**
to the   *flowers*   *to the grass*   *to the*   *fountains*

al: 'lɛ ko   al: 'la ɾja   'a i   'vɛn ti
all'eco,   **all'aria,**   **ai**   **venti,**
to the echo   *to the air*   *to the*   *winds*

ke   il   swɔn   de   'va ni   at: 'tʃɛn ti
che   **il**   **suon**   **de'**   **vani**   **accenti**
which   *the*   *sound*   *of [the]*   *in vain*   *words*

'por ta no   'vi a   kon   se
portano   **via**   **con**   **se.**
[they] carry   *away*   *with*   *themselves*

e   se   non   ɔ   ki   'mɔ da
E   **se**   **non**   **ho**   **chi**   **m'oda,**
and   *if*   *not*   *I have*   *one who*   *to me listens*

'par lo   da 'mor   kon   me
parlo   **d'amor**   **con**   **me.**
I talk   *of love*   *with*   *myself*

Voi, che sapete

'vo i   ke   sa 'pe te   ke   'kɔ za   ɛ   a 'mor
Voi,   **che**   **sapete**   **che**   **cosa**   **è**   **amor,**
you   *who*   *[you] know*   *what*   *thing*   *is*   *love*

'dɔn: ne   ve 'de te   'si o   lɔ   nel   kɔr
donne,   **vedete,**   **s'io**   **l'ho**   **nel**   **cor.**
ladies   *see*   *if I*   *it [I] have*   *in the*   *heart*

'kwel: lo   'ki o   'prɔ vo   vi   ri di 'rɔ
Quello   **ch'io**   **provo,**   **vi**   **ridirò;**
that   *which I*   *[I] experience*   *to you*   *I will tell again*

ɛ   per   me   'nwɔ vo   ka 'pir   nol   sɔ
è   **per**   **me**   **nuovo,**   **capir**   **nol**   **so.**
it is   *for*   *me*   *new*   *to understand*   *not it*   *I am able*

'sɛn to   un   af: 'fɛt: to   pjɛn   di   de 'zir
Sento   **un**   **affetto**   **pien**   **di**   **desir,**
I feel   *an*   *affection*   *full*   *of*   *desire*

'ko ɾa   ɛ   di 'lɛt: to   'ko ɾa   ɛ   mar 'tir
ch'ora   **è**   **diletto,**   **ch'ora**   **è**   **martir.**
which now   *is*   *pleasure*   *which now*   *is*   *torture*

'dʒe lo   e   'pɔ i   'sɛn to   'lal ma
Gelo,   **e**   **poi**   **sento**   **l'alma**
I freeze   *and*   *then*   *I feel*   *the soul*

av: vam ˈpar
avvampar,
to burst into flames

e	in	un	mo ˈmen to	ˈtor no	a	dʒe ˈlar
e	**in**	**un**	**momento**	**torno**	**a**	**gelar.**
and	*in*	*a*	*moment*	*I return*	*to*	*[to] freeze*

ri ˈtʃer ko	un	ˈbɛ ne	ˈfwɔ ɾi	di	me
Ricerco	**un**	**bene**	**fuori**	**di**	**me—**
I search for	*a*	*happiness*	*outside*	*of*	*me*

non	sɔ	ki	il	ˈtjɛ ne
non	**so**	**chi**	**il**	**tiene,**
not	*I know*	*who*	*it*	*holds*

non	sɔ	kɔ ˈzɛ
non	**so**	**cos'è.**
not	*I know*	*what it is*

so ˈspi ɾo	e	ˈdʒɛ mo	ˈsɛn tsa	vo ˈler
Sospiro	**e**	**gemo**	**senza**	**voler;**
I sigh	*and*	*I moan*	*without*	*to wish to*

ˈpal pi to	e	ˈtrɛ mo	ˈsɛn tsa	sa ˈper
palpito	**e**	**tremo**	**senza**	**saper.**
I palpitate	*and*	*I tremble*	*without*	*to know why*

non	ˈtrɔ vo	ˈpa tʃe	ˈnɔt: te	ne	di
Non	**trovo**	**pace**	**notte**	**nè**	**dì,**
not	*I find*	*peace*	*night*	*nor*	*day*

ma	pur	mi	ˈpja tʃe	laŋ ˈgwir	ko ˈzi
ma	**pur**	**mi**	**piace**	**languir**	**così.**
but	*yet*	*to me*	*it is pleasing*	*to languish*	*thus*

ORFEO ED EURIDICE
music: Christoph Willibald von Gluck
libretto: Raniero de' Calzabigi (based on Greek mythology)

Che farò senza Euridice?

a i ˈmɛ	ˈdo ve	tra ˈskor si
Ahimè!	**Dove**	**trascorsi?**
alas	*where*	*I passed through*

ˈdo ve	mi	ˈspin se	un	de ˈli ɾjo	da ˈmor
Dove	**mi**	**spinse**	**un**	**delirio**	**d'amor?**
where	*me*	*thrust*	*a*	*delirium*	*of love*

ˈspɔ za	e u ɾi ˈdi tʃe	kon ˈsɔr te
Sposa!	**Euridice!**	**Consorte!**
bride	*Euridice*	*wife*

a	pju	non	ˈvi ve	la	ˈkja mo	in	van
Ah,	**più**	**non**	**vive!**	**La**	**chiamo**	**in**	**van.**
ah	*more*	*not*	*[she] lives*	*her*	*I call*	*in*	*vain*

ˈmi ze ɾo	me	la	ˈpɛr do
Misero	**me,**	**la**	**perdo**
miserable	*me*	*her*	*I lose*

e   di ˈnwɔ vo   e   per   ˈsɛm pre
e   **di nuovo**   **e**   **per**   **sempre!**
[and]   *again*   *and*   *for*   *ever*

o   ˈled: dʒe   o   ˈmɔr te
Oh   **legge!**   **Oh**   **morte!**
oh   *law*   *oh*   *death*

o   ri ˈkɔr do   kru ˈdɛl
Oh   **ricordo**   **crudel!**
oh   *remembrance*   *cruel*

non   ɔ   sok: ˈkor so
Non   **ho**   **soccorso,**
not   *I have*   *assistance*

non   ma ˈvan tsa   kon ˈsiʎ: ʎo
non   **m'avanza**   **consiglio!**
not   *to me advances*   *advice*

ˈi o   ˈveg: go   ˈso lo
Io   **veggo**   **solo**
I   *[I] see*   *only*

o   ˈfjɛ ɾa   ˈvi sta
(oh   **fiera**   **vista!)**
oh   *savage*   *sight*

il   lut: tu ˈo zo   a ˈspɛt: to
il   **luttuoso**   **aspetto**
the   *mournful*   *aspect*

del: ˈlɔr: ri do   ˈmi o   ˈsta to
dell'orrido   **mio**   **stato.**
of the horrible   *my*   *state*

ˈsa tsja ti   ˈsɔr te   ˈrɛa
Saziati,   **sorte**   **rea:**
satisfy yourself   *fate*   *wicked*

son   di spe ˈra to
son   **disperato!**
I am   *desperate*

ke   fa ˈrɔ   ˈsɛn tsa   e u ɾi ˈdi tʃe
Che   **farò**   **senza**   **Euridice?**
what   *I shall do*   *without*   *Euridice*

ˈdo ve   an ˈdrɔ   ˈsɛn tsa   il   ˈmi o   bɛn
Dove   **andrò**   **senza**   **il**   **mio**   **ben?**
where   *I shall go*   *without*   *the*   *my*   *beloved*

ke   fa ˈrɔ   ˈdo ve   an ˈdrɔ
Che   **farò?**   **Dove**   **andrò?**
what   *I shall do*   *where*   *I shall go*

ke   fa ˈrɔ   ˈsɛn tsa   il   ˈmi o   bɛn
Che   **farò**   **senza**   **il**   **mio**   **ben?**
what   *I shall do*   *without*   *the*   *my*   *beloved*

e u ɾi ˈdi tʃe   o   ˈdi o   ri ˈspon di
Euridice!   **Oh**   **Dio!**   **Rispondi!**
Euridice   *oh*   *God*   *answer*

'i o	son	'pu ɾe	il	'tu o	fe 'del
Io	**son**	**pure**	**il**	**tuo**	**fedel.**
I	*[I] am*	*still*	*the*	*your*	*faithful one*

a	non	ma 'van tsa	pju	sok: 'kor so
Ah!	**non**	**m'avanza**	**più**	**soccorso,**
ah	*not*	*to me advances*	*more*	*assistance*

pju	spe 'ɾan tsa
più	**speranza**
more	*hope*

ne	dal	'mon do	ne	dal	tʃɛl
nè	**dal**	**mondo,**	**nè**	**dal**	**ciel!**
neither	*from the*	*world*	*nor*	*from the*	*heaven*

VANESSA

music: Samuel Barber
libretto: Gian Carlo Menotti

Must the winter come so soon?

In American Standard Pronunciation:

mʌst	ðə	'wɪntɚ	kʌm	soʊ	sun
Must	**the**	**winter**	**come**	**so**	**soon?**

naɪt	'æftɚ	naɪt
Night	**after**	**night**

aɪ	hɪɚ	ðə	'hʌngɹi	dɪɚ
I	**hear**	**the**	**hungry**	**deer**

'wɑndɚ	'wipɪŋ	ɪn	ðə	wʊdz
wander	**weeping**	**in**	**the**	**woods,**

ænd	fɹʌm	hɪz	haʊs	əv	'bɹɪtəl	baɚk
and	**from**	**his**	**house**	**of**	**brittle**	**bark**

huts	ðə	'fɹoʊzən	aʊl
hoots	**the**	**frozen**	**owl.**

mʌst	ðə	'wɪntɚ	kʌm	soʊ	sun
Must	**the**	**winter**	**come**	**so**	**soon?**

hɪɚ	ɪn	ðɪs	'fɔɹest
Here	**in**	**this**	**forest**

'naɪðɚ	dɔn	nɔɚ	'sʌn'sɛt
neither	**dawn**	**nor**	**sunset**

maɚks	də	'pæsɪŋ	əv	ðə	deɪz
marks	**the**	**passing**	**of**	**the**	**days.**

ɪt	ɪz	ə	lɔŋ	'wɪntɚ	hɪɚ
It	**is**	**a**	**long**	**winter**	**here.**

mʌst	ðə	'wɪntɚ	kʌm	soʊ	sun
Must	**the**	**winter**	**come**	**so**	**soon?**

Una voce poco fa

from
IL BARBIERE DI SIVIGLIA

Gioachino Rossini

ROSINA:

U - na vo - ce po - co fa qui nel cor mi ri - suo-

nò; il mio cor ___ fe - ri - to è gia, e ___ Lin - dor ___ fu che il pia-

gò. Sì, Lin - do - ro ___ mi - o sa - rà, lo ___ giu -

ra - i, la ___ vin - ce - rò. Sì, Lin - do - ro mi - o sa -

rà. Io giu - ra - i, la — vin - ce - rò.

Il tu - tor ri - cu - se - rà, io l'in - ge - gno a - guz - ze -

rò: al - la fin s'ac - che - te - rà, e con - ten - ta io re - ste -

rò. Sì, Lin - do - ro — mi - o sa - rà, lo giu -

ra - i, la vin-ce - rò. Sì, Lin-do - ro mi-o sa -

rà, lo giu - ra - i, la vin-ce - rò!

Moderato

reg - ge-re, mi fo gui - dar, mi ___ fo ___ gui - dar. Ma se mi

toc - ca-no dov'è il mio de - bo-le, sa-rò u-na vi - pe - ra, ___ sa -

p

rò, e cen - to trap - po - le pri-ma di

ce - de-re fa-rò gio - car, ___ fa - rò ___ gio -

do - ci - le, so - no ub - bi -

dien - te, mi la - scio reg - ge - re, mi fo gui - dar.

Ma se mi toc - ca - no do-v'è il mio de - bo - le, sa - rò u - na

vi - pe - ra, sa - rò, e cen - to trap - po - le pri - ma di

34

L'amour est un oiseau rebelle
(Habanera)

from
CARMEN

Georges Bizet

è - re— l'un par - le bien,— l'au - tre se tait;— et c'est

l'au - tre que je pré - fè - re— il n'a rien dit,— mais il me

plaît.— L'a - mour!— L'a -

mour!— L'a - mour!— L'a -

mour! L'a-mour est en - fant de Bo - hême; il n'a ja -

mais, ja - mais con - nu de loi. Si tu ne m'ai - mes pas, je

t'ai - me; si je t'ai - me, prends garde à toi!_____

Si tu ne m'ai - mes pas, si tu ne m'aimes pas, je

40

41

42

Près des remparts de Séville
(Seguidilla)

from
CARMEN

Georges Bizet

CARMEN:

Près des rem-parts de Sé - vil - le,

44

reux!... il est au dia - ble! Je

l'ai mis à la por - te hier! Mon _ pau - vre cœur,

très con - so - la - ble, mon _ cœur est li - bre

com - me l'air! J'ai des ga - lants à la dou - zai - ne,

au bon mo - ment!_____ Je n'ai guè - re le temps d'at -

ten - dre, car a-vec mon nou-vel a - mant_____

f e ben ritmato

près des rem - parts de Sé - vil - le,

chez__ mon a - mi__ Lil - las Pas - tia,_____

nous dan - se - rons la Sé - gue -

dille et boi - rons du man - za - nil - la:_____

sempre **f**

Tra la la la la la la la la la la,_____

ff

tra la la la la la la la la la la.

Smanie implacabili

from
COSÌ FAN TUTTE

Wolfgang Amadeus Mozart

DORABELLA: *

Ah, sco-sta-ti! Pa-ven-ta il tri-sto ef-fet-to d'un di-spe-ra-to af-

Allegro assai

fet-to! Chiu-di quel-le fi-ne-stre—

o-dio la lu-ce, o-dio l'a-ria che spi-ro— o-dio me stes-sa!

* Appoggiatura possible

51

When I am laid in earth

from
DIDO AND AENEAS

Henry Purcell

Recitative
DIDO:

Thy hand, Be-lin - da; dark - ness shades me, on thy

bo - som let me rest. More I would,— but Death — in-

vades me; Death is now a wel - come — guest.

Larghetto

When I am laid,____ am laid____ in earth, may my wrongs ____ cre - ate No trou - ble, no trou - ble in thy breast. When I am laid,____ am laid ____ in

61

mem - ber me, but ah!_____ for - get my___

fate.

Faites-lui mes aveux

from
FAUST

Charles Gounod

Allegro agitato (♩. = 88)

SIEBEL:

Fai - tes - lui mes a -

veux; _____ por - tez _____ mes vœux! _____

Fleurs é - clo - ses près

64

qu'il s'ex-hale a - vec vous_____ par - fums_____ plus doux!_____

Andante **Recit.**

Fa -

né - e! Hé - las! ce sor - cier, que Dieu dam - ne, m'a por - té mal -

colla voce

Tempo I

heur!_____

Je ne puis, sans qu'el-le se fa - ne, tou - cher u - ne

fleur! __ Si je trem-pais mes doigts dans l'eau bé - ni - te!

C'est là ___ que cha-que soir vient pri - er Mar - gue -

ri - te! Voy-ons main-te-nant! __ Voy-ons vi - te! El-les se

68

ser _____ un doux _____ bai - ser, _____ un bai -

dim.

espress.

ser, un doux _____ bai - ser, un bai -

p

rit. *a tempo*

ser, un _____ doux _____ bai - ser! _____

p *colla voce* *f a tempo*

Non so più cosa son

from
LE NOZZE DI FIGARO

Wolfgang Amadeus Mozart

Non so più co - sa son, co - sa fac - cio; or di

fo - co,o - ra so - no di ghiac - cio. O - gni don - na can - giar di co -

lo - re, o - gni don - na mi fa pal - pi - tar, o - gni

71

un de - si - o, un de - si - o ch'io non

pos - so spie - gar, un de - si - o, un de -

si - o ch'io non pos - so spie - gar._____ Non so

piu co - sa son, co - sa fac - cio; or di fo - co, o - ra so - no di

74

glian - do, par - lo d'a-mor so -

gnan - do, all' ac -qua,all'om-bra,ai mon - ti, ai fio - ri,all' er - be,ai

fon - ti, all' e - co,all' a - ria,ai ven - ti, che il suon de' va-ni ac -

cen - ti, por - ta-no via con se, por - ta - no

fp

fp *f* *p*

cresc. *f* *colla voce* *p*

76

*Appoggiaturas are optional here.

Voi, che sapete

from
LE NOZZE DI FIGARO

Wolfgang Amadeus Mozart

don - ne, ve - de - te,___ s'io l'ho nel___ cor.

Quel - lo ch'io pro - vo, vi___ ri - di - rò;___

è per me nuo - vo, ca - pir nol so.

Sen - to un af - fet - to pien di de - sir,___

ch'o - ra è di - let - to, ch'o - ra è mar - tir.

Ge - lo, e poi sen - to l'al - ma av - vam - par,

e in un mo - men - to tor - no a ge - lar.

Ri - cer - co un be - ne fuo - ri di me —

che co - sa è a - mor, don - ne, ve - de - te,

s'io l'ho nel cor, don - ne, ve - de - te,___

s'io l'ho nel cor, don - ne, ve - de - te,___

s'io l'ho__ nel__ cor.

Che farò senza Euridice?

from
ORFEO ED EURIDICE

Christoph Willibald von Gluck

* Appoggiatura possible

córso, non m'a-van - za con - si - glio. Io veg-go so-lo (Oh___

__ fie - ra vi - sta!) il lut-tu - o - so a-spet - to dell' or - ri-do mio sta-to!

Sa - zia - ti, sor - te re - a: son di-spe-ra - to!

Allegretto

86

87

ben? Che__ fa - rò?____ Do - ve an - drò?____ Che__ fa -

rò__ sen - za il mi - o ben? Do - ve an - drò__ sen - za il mi - o

Moderato

ben? Eu - ri - di - ce! Eu - ri - di - ce!

Adagio

Ah! non m'a - van - za più____ soc - cor - so, più____ spe -

ran - za   nè dal mon - do,   nè____ dal

ciel!   Che fa - rò   sen-za Eu - ri - di - ce?   Do-ve an -

senza E - u - ri - di - ce?

Tempo I

drò   sen-za_il   mio   ben?   Che__ fa - rò?____ Do - ve an -

drò?____ Che__ fa - rò____ sen - za_il mi - o ben?   Do - ve an -

Must the winter come so soon?

from
VANESSA

Samuel Barber

and _ from his house of brit-tle bark _ hoots _ the fro - zen

owl. Must the win - ter _ come so soon?

Here _____ in this for - est nei-ther dawn _ nor sun - set

*Barber deleted a measure in the revised version of the opera.

marks the pass-ing of the days.

It is a long win-ter here.

Must the win-ter come so soon?